Extrait du *Journal officiel* de la République française
du 28 juillet 1920

DISCOURS

prononcé par

M. EMILE HUMBLOT

SÉNATEUR

Président de l'Union provinciale des Arts décoratifs

SUR

LES ARTS APPLIQUÉS
ET LE BUDGET DES BEAUX-ARTS

1re SÉANCE DU SÉNAT DU 27 JUILLET 1920

PARIS

IMPRIMERIE DES JOURNAUX OFFICIELS

QUAI VOLTAIRE, 31

1920

Extrait du *Journal officiel* de la République française
du 28 juillet 1920.

DISCOURS

PRONONCÉ PAR

M. EMILE HUMBLOT

SÉNATEUR

Président de l'Union provinciale des Arts décoratifs

SUR

les Arts Appliqués et le Budget des Beaux-Arts

1re SÉANCE DU SÉNAT DU 27 JUILLET 1920

M. le président. Nous arrivons, messieurs, au budget des beaux-arts.

La parole est à M. Humblot.

M. Emile Humblot. Messieurs, je m'excuse, nouveau parmi vous, de prendre la parole, dans un budget aussi complexe que celui du budget des beaux-arts. Mais, me permettrai-je de vous dire que je crois avoir quelque compétence en la matière : c'est donc en connaissance de cause que je puis parler.

C'est en effet en homme de métier et,

aussi, parce que les efforts et les intérêts des artisans, des artistes, des créateurs de modèles, me sont chers, que je ne puis laisser dans l'ombre quelques points importants, qui se présentent comme un complément des rapports si intéressants de nos honorables collègues, MM. Chastenet, sénateur et Rameil, député.

Sans autre préambule, messieurs, je vous dirai que, dans nos écoles d'art, existe une certaine mentalité qu'il importe de modifier. M. le rapporteur général ayant désiré que les interventions soient aussi brèves que possible, je déférerai volontiers à son désir, aussi je n'en ferai pas une longue critique devant vous.

Je vous dirai, tout de suite, par quels moyens il me semble possible d'y remédier.

Vous en conviendrez sans peine, messieurs, j'en suis certain; la base de tout enseignement, c'est la connaissance du métier. Sans doute, nos écoles forment de brillants architectes, peintres, modeleurs, artisans des arts appliqués, mais malheureusement c'est le fonds qui manque le plus.

J'appelle fonds, messieurs, la connaissance pratique des métiers. L'artiste d'aujourd'hui a des tendances à ne vouloir plus être qu'un imaginatif. Il oublie trop la grande loi respectée du passé qui voulait que tout artiste soit d'abord un artisan et connût les éléments et les moyens matériels qui lui servaient manuellement à réaliser l'œuvre conçue par la pensée.

M. Gaudin de Villaine. C'est le rétablissement des corporations.

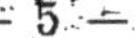

M. Emile Humblot. Parfaitement. Comme l'ingénieur connaît le fer, l'architecte doit savoir toutes les possibilités de l'emploi de la pierre, de la brique ou du ciment.

Le peintre ne doit rien ignorer de la chimie des couleurs, leur réaction, leur évolution, la préparation des toiles, la technique en un mot, des vieux métiers d'Etienne Boileau, auteur trop oublié de cette admirable bible des arts appliqués : *le Livre des métiers.*

Combien, de tableaux, chefs-d'œuvre au premier jour, ont été perdus, dans la suite des années, par la néfaste méconnaissance de ce que je pourrais appeler les lois physiques essentielles de l'art. Messieurs, allez au musée du Luxembourg et vous jugerez.

Le sculpteur doit, en outre du modelage, connaître ce que l'on peut appeler le côté ouvrier de son art, les besognes qu'il demande au praticien, la taille directe, qu'aimaient les antiques, les gothiques, et que trop peu d'artistes font revivre de notre temps.

Les peintres décorateurs doivent savoir la composition des enduits, le marouflage, choses confiées à des mains souvent inexpérimentées, qui produisent tant de mécomptes.

De même, messieurs, les artisans des arts appliqués, auxquels on n'apprend pas, dans nos écoles, les qualités de la matière à employer, les procédés de fabrication, en leur montrant des exemples et en leur donnant l'occasion de travailler eux-mêmes ces matériaux.

Combien de projets qui seraient inexécutables, parce qu'ils ne sont pas pensés et conçus techniquement.

Comme brillants résultats de nos écoles, nous voyons, pompeusement exposés, des dessins illusoires quant à la réalisation possible.

Je pourrais citer des exemples, dans toutes les industries décoratives, notamment dans celles de la soie et du papier peint.

Oui, messieurs, je considère et, je ne suis pas le seul, l'enseignement de nos écoles comme entravé par un certain empirisme, auquel il est déjà bien tard pour porter remède, si l'on regarde, sans vaine complaisance, ce qui se fait à l'étranger.

Pour résoudre la question de cet enseignement professionnel reconstituant l'apprentissage des métiers, il est utile que l'enseignement de la pratique soit donné par des techniciens à l'atelier et complété par un enseignement complémentaire théorique à l'école.

Je n'invente rien, messieurs, relisez tant de propositions qui, sous des formes diverses et par des voix également autorisées, ont été faites aux tribunes parlementaires.

Vous retrouverez, exprimées, sous des variantes de forme qui tendent toutes au même but, cet appel à l'ordre, au retour à la raison des vieux maîtres, dans les métiers artistiques où l'on a perdu les traditions de la main, pour laisser trop souvent vagabonder l'esprit. (*Très bien !*)

Est-il dit, messieurs, que, dans ce pays, professeurs, praticiens et législateurs n'arriveront jamais à s'entendre, pour fixer,

[...] moderne les hommes de [...] l'habitude des artistes comme [...] [...]avons [...] besoin.
[...] nous vous [...] monsieur le ministre à votre décision qui supprime [...] dans le professorat, qui le professeur, [...] [...] plus à la vie ou au métier qu'il [...] professé.
Mais ce n'est pas tout. Il y a encore à [...] renouvellement des professeurs la [...] d'assurer aux élèves [...] le plus moderne de [...], [...] à la fois et le plus pratique pour leur avenir. [...] formons d'abord des hommes de mé[tier] et de cette chrysalide, l'artiste sortira [...]

[...] que. Organisons [comme] [...] que (*Très bien.*) [...] soit d'inamovible dans [...] ateliers [...]
[...] nécessaire que M. le ministre de [...]ruction publique et des beaux-arts [...] que l'enseignement pratique soit [...] ateliers de produ[...]

[...] M. Michel [...] artiste [...] comme [...] origine.
[...]amblo[...] des [...]

était donné dans l'école même où l'outillage à constituer actuellement serait très coûteux et forcément toujours incomplet ; le budget d'ailleurs ne le permettrait pas.

M. Guillaume Chastenet. C'est très juste.

M. Emile Humblot. Les jeunes gens se formant dans des ateliers en plein travail et où il y a constamment des commandes à réaliser auront un contact direct avec la vie réelle ; ils pourront, après réflexion, choisir eux-mêmes les branches qui les intéresseront plus particulièrement et qu'ils auront suivies dans tous leurs détails et leurs applications.

Ce serait, monsieur le ministre, une méthode plus opérante et qui donnerait des résultats immédiats. Il y aurait pour le budget économie du fait que l'Etat n'aurait pas d'installation à créer onéreusement et avec difficultés.

Si l'école idéale, rêvée par l'architecte distingué, M. Plumet, et qu'avec M. Rameil nous jugeons impossible actuellement, si cette école, dis-je, se réalisait un jour, on aurait tout prêts les cadres et les compétences qui donneraient l'enseignement qu'il prévoit

Je m'excuse, messieurs, d'abuser de votre attention (*Parlez ! c'est très intéressant !*), mais, je vous demande la permission de préciser quelques points, car les principes que je viens d'exposer sont préconisés depuis 1906 dans ses congrès nationaux et internationaux, dans ses conférences par l'union provinciale des arts décoratifs que j'ai l'honneur de présider et qui est la fédération de sociétés d'artistes, de syndicats d'artisans répandus dans nos provinces françaises.

C'est pourquoi vous ne vous étonnerez pas si je suis particulièrement impatient de la renaissance de notre régionalisme artistique et de la réorganisation de nos écoles d'art, dans les conditions que je viens de vous exposer, de telle sorte que l'art de nos belles provinces retrouve son activité et sa fécondité d'autrefois. (*Applaudissements.*)

Et, ce que j'indique, messieurs, est encore plus réalisable en province qu'à Paris, puisque nous trouvons, dans nos provinces, des ateliers où l'enseignement peut être complet, étant donné que la stricte spécialisation des ateliers de la capitale y est inconnue et où souvent même le maître ouvrier est, chez nous, le propre créateur de son outillage.

M. André Lebert. Alors il faut réformer la loi sur l'apprentissage.

M. Emile Humblot. Nous aurons l'occasion prochaine d'apprécier, une fois de plus, la valeur professionnelle des maîtres des arts appliqués à cette exposition des arts décoratifs et industriels modernes de 1923 réclamée depuis 1905, décidée en 1912, retardée par la guerre, reprise depuis juillet 1919 et dont la destinée a été confiée aux soins d'un homme averti, comprenant excellemment son rôle, je veux parler de M. Marc Réville, connu par beaucoup d'entre vous.

Cette exposition si attendue doit donner à notre pays l'occasion de manifester la durée de sa priorité artistique et industrielle dans le monde.

Elle doit, sur ce terrain encore, maintenir le renom de la France et être une des plus grandes victoires de la troisième République si l'on fait chez nous l'effort voulu, en temps voulu. (*Très bien !*)

Mais pour que ce tournoi entre toutes les nations soit véritablement à l'honneur de la France, il ne faut pas se leurrer de mots, il ne faut pas croire au caractère sacro-saint d'une esthétique décorative française, qui resterait à tout jamais imbattable.

Prenons-y garde, messieurs, et que notre fierté d'être les héritiers de si grands artistes du passé, ne nous détourne pas de jeter un regard scrutateur par-dessus nos frontières et de voir ce qui s'y fait dans le travail silencieux.

Si j'avais le loisir, messieurs, et, un jour, je rappellerai votre attention sur ces faits considérables, je vous mettrais sous les yeux des textes documentaires, qui vous montreraient quels efforts et quelles réalisations porte en ce moment l'art décoratif très loin et très haut, en Angleterre, chez nos alliés, en Italie et même en Allemagne.

Mais je ne puis qu'effleurer, en ce moment, les sommets d'un sujet aussi vaste, et je reviens au côté pratique.

Que les industriels, artistes, artisans, commerçants, et l'Etat en tête, s'intéressent à cet effort étranger, pour ne pas avoir de surprise, et, instruits du danger, pour gagner la guerre économique, qu'ils donnent leur appui patriotique et éclairé à tous ceux qui veulent agir, qui crient : « Alarme ! », alors que notre seul cri doit être : « Victoire ! »

Pour ce faire, mes chers collègues, il importe que nos divers ministères fassent tomber les dernières cloisons qui empêchent les services de se connaître, bien qu'ayant le même but et concourant au même résultat.

Lors de sa récente intervention à la tribune du Sénat, M. le président du conseil a exposé les justes raisons d'éducation générale qui motivaient, dans son esprit, le rattachement de l'enseignement technique au ministère de l'instruction publique et des beaux-arts.

Qu'en est-il résulté présentement ? Dans quelles justes, rigoureuses et intelligentes proportions sont dosés l'art et les techniques indispensables — sans lesquelles rien n'existe — dans nos programmes actuels des arts appliqués ?

Certes, il y a à la tête de l'enseignement technique un homme de grande valeur, c'est M. le directeur Labbé. Personne mieux que lui ne souhaite l'harmonie entre les deux directions ministérielles qui, malgré quelques sourires de conciliation, restent, dans la matière, attachées encore à leur point de vue personnel.

Certainement, nous n'en sommes plus au jour où le secrétariat des beaux-arts et le ministère du commerce se tiraient à boulets rouges par dessus la Seine, pour se disputer la propriété et le contrôle des arts décoratifs. Depuis ce jour, on a jeté un pont, qui est devenu un terrain de concorde.

Il a été créé, d'abord, aux beaux-arts, un comité technique central des arts appliqués, qui est devenu ensuite le comité consultatif que vous connaissez.

C'est là un effort certain. Maintenant, ce comité est-il armé de la puissance qu'il faudrait qu'il eût pour effectuer une action sur l'un ou l'autre ministère ? Est-il consulté dans les cas où cela serait nécessaire ?

C'est un organisme excellent dans son principe, on y a déjà fait un gros travail, mais qui doit être pris au sérieux et consulté à toutes fins utiles, ce qui permettrait, par exemple, d'éviter l'organisation de concours navrants, tels que celui du timbre-poste...

M. le rapporteur. Oui, c'était une ignominie !

M. Emile Humblot. ...d'éviter ainsi à notre pays le regret de voir remettre officiellement, par certains ministères, des diplômes dont le dessin n'a aucun caractère d'art et qui donnent une idée fâcheuse de notre pléiade d'artistes.

M. le rapporteur général. Quand on a un beau timbre-poste, pourquoi le changer ?

M. Emile Humblot. Après tant d'efforts, monsieur le ministre, dans le projet de réorganisation de l'enseignement technique, où vous venez d'instituer un conseil supérieur, nous ne trouvons même pas des représentants des artistes, artisans, créateurs de modèles des arts appliqués, quand nous y voyons au contraire quantité de délégués de fonctionnaires de toutes administrations.

Permettez-moi de vous dire qu'il y a une erreur grave. Il faut, monsieur le ministre, que les barrières s'abaissent définitivement. C'est là toute la question, si l'on veut que nous ayons une armée de bons ouvriers d'art.

Dans le monde de l'industrie, comme dans celui des arts, les compétences existent, leur collaboration pourrait être féconde. Le lien n'est pas encore établi, malgré tout ce qu'on a tenté; c'est un gros malheur.

Je vous en supplie, monsieur le ministre, au nom de tous les gens des métiers d'art, complétez, par un geste utile, ce qui a été amorcé jusqu'à ce jour; créez la solidarité des artistes, des industriels et des ouvriers d'art, vous donnerez une vie nouvelle à ce qui meurt.

Que l'enseignement technique fasse appel aux maîtres techniciens d'art, à la direction des beaux-arts, où, par une idée si heureuse, vous venez de créer la fonction d'inspecteur des arts appliqués.

Que ces divers conseils soient admis à rechercher en commun les moyens :

1° De préparer une génération d'artisans, possédant, outre le savoir professionnel, théorique et technique, de suffisantes connaissances artistiques pour appuyer sur la tradition leur effort de création d'un art moderne;

2° D'encourager les recherches et productions nouvelles et de demander aux indus-

triels d'art de participer de toutes leurs
forces et de tous leurs deniers aux recherches nouvelles et à l'ensemble des moyens
qui peuvent assurer à leurs industries une
forte pléiade d'artisans parfaits. Monsieur
le ministre, notre collègue, M. le ministre du
commerce, a, à deux reprises, montré son
désir d'unir l'art à la technique en adjoi-
gnant à M. Marc Réville, ancien président de
la commission des douanes et de la commission du commerce, comme principal colla-
borateur pour l'exposition de 1925, M. Paul
Léon, le si distingué directeur des beaux-
arts, dont tout le monde se plaît à reconnaître la haute compétence et la constante
bienveillance. (*Vifs applaudissements.*)

De plus, ces jours passés, encore, il vient
de créer, auprès du commissariat général
de l'exposition de 1925, un office de liaison
— Vergbund organisé à la française — entre
artistes et industriels pour faciliter aux uns
et aux autres le développement raisonné
et pratique de leurs créations et applications respectives.

Veillez, monsieur le ministre, à ce que
l'art intervienne toujours dans les programmes d'enseignement de nos écoles
professionnelles et nos écoles d'arts et
métiers : d'abord, l'art du passé avec ses
traditions et, ensuite, l'art contemporain,
avec sa bravoure, ses erreurs même, mais
aussi avec ses intéressantes réalisations.

Dans la lutte qui se prépare, mes chers
collègues, notre devoir est de mettre en
valeur les dons naturels que possèdent nos
apprentis, futurs ouvriers de nos arts fran-
çais.

Il faut leur en donner le moyen.

M. Henri Michel. Malheureusement, on ne fait plus d'apprentis ; c'est la raison pour laquelle il n'y a pas de bons ouvriers d'art. Il faudrait d'abord revenir sur l'apprentissage.

M. Emile Humblot. Ne recommençons pas les erreurs du passé. Ne nous laissons pas dépasser comme en 1913, à la veille de la guerre, où les importations des articles d'art furent portées du simple au sextuple par rapport à l'année 1904.

Messieurs, mon intervention eût pu se placer, lors du budget relatif à l'enseignement technique, mais j'ai préféré parler à propos des beaux-arts, pour bien indiquer que l'idéal des métiers est la perfection artistique. (*Très bien!*)

J'aurais aimé trouver, dans le rapport si intéressant de notre honorable collègue M. Chastenet, un avis pour la constitution des musées régionaux et professionnels.

Car il y a là un moyen de servir, de guider l'enseignement et de cultiver le goût artistique du public. (*Très bien!*)

Sur ce chapitre, je verrais avec joie, pour l'année prochaine augmenter le budget des musées, déjà si insuffisant.

Ainsi, ferions-nous entrer dans nos musées des œuvres d'art décoratif, qui méritent d'être conservées comme exemple du beau travail d'art dans tous les matières.

Jusqu'à présent, on n'en a fait qu'un timide essai.

Dans nos musées régionaux, tant désirés, par nos provinces françaises, trouveront

place des œuvres d'un choix judicieux
intéressant la production et la spécialisation
du pays.

Ainsi pourra s'éduquer une élite d'ouvriers d'art attachés au terroir et qui, peu
soutenus et mal conseillés, attirés souvent
par le mirage décevant de la grande ville,
font perdre à nos provinces, des valeurs
productives intéressant le pays tout entier.

M. le rapporteur. C'est la vérité.

M. Emile Humblot. Que ces ouvriers provinciaux sachent bien qu'une consécration
de clocher vaut mieux que l'hypothétique
triomphe de la capitale. (*Vifs applaudissements.*)

M. Le Barillier. C'est une très belle
phrase.

M. Emile Humblot. Pour les encourager,
je suis très partisan du judicieux projet de
M. Paul Léon, consistant à organiser des
expositions régionales d'un caractère parti-
culier, dans les grands centres provinciaux ;
Rennes, Dijon, etc., où la floraison pari-
sienne d'art se confronterait avec l'épanouis-
sement des arts provinciaux. (*Très bien !*)

Je prie M. le ministre d'appeler l'attention des comités régionaux et du comité
central technique sur la nécessité de coor-
donner leurs efforts au plus vite, et d'être
surtout très prudents dans leurs manifesta-
tions extérieures en tant qu'exposition,
tant que leurs études ne les auront pas mis
en demeure d'obtenir des résultats pro-
bants.

Je n'insiste pas. De récents et vifs débats ont attiré votre attention sur le danger qu'il y a à organiser des expositions qui peuvent être plus nuisibles qu'utiles. (*Très bien !*)

En parenthèse, messieurs, avec notre honorable rapporteur, j'estime que l'autonomie de nos manufactures nationales paraît réalisable. C'est également votre avis, M. le ministre, si j'ai bien compris ce que vous me disiez il y a quelque temps.

Autonomie indispensable, sous réserve cependant d'une reprise à pied d'œuvre de ces manufactures qui leur assure l'initiative d'une industrie privée. (*Très bien !*)

C'est le seul moyen de faire redonner à ces manufactures les directions techniques qu'elles peuvent fournir, en vivant d'une vie normale dégagée de tout esprit de fonctionnarisme.

Les résultats ainsi obtenus auront vraisemblablement pour conséquence d'alléger le budget des établissements nationaux.

Je pourrais, messieurs, abuser plus longtemps de votre bienveillante attention (*Parlez ! parlez !*), ayant encore bon nombre de points à signaler au Parlement...

M. Henry Chéron. C'est très intéressant.

M. Emile Humblot. ...notamment la nécessité de prévoir l'augmentation du prix des commandes faites, avant la guerre, à nos artistes, prix qui ne répondent plus aux besoins matériels de la vie actuelle. (*Très bien !*)

Je pourrais vous entretenir de l'urgence de l'établissement des chambres de métier,

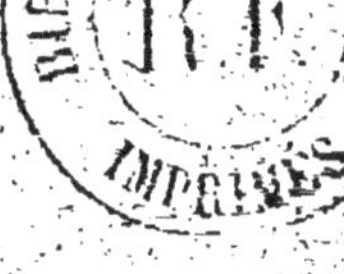

institution intimement liée à l'exposé que je viens de faire. Je ne veux pas abuser, sachant combien le temps est limité.

Je prétends conclure maintenant, non seulement en artiste, qui sait ce que vaut pour la France le capital : imagination et création (*Très bien!*), mais aussi en homme, ayant le souci de l'avenir de son pays et de son développement économique, aujourd'hui impérieusement nécessaire.

M. le ministre de l'instruction publique. Très bien !

M. Emile Humblot. Je dis, bien haut, mes chers collègues, que l'art, dans ses multiples applications, ajoute aux créations françaises une valeur inestimable, une marque d'origine, justement appréciée et qui les fait reconnaître entre toutes.

Notre art, dans le passé, a vivifié de sa touche géniale jusqu'aux objets les plus usuels. Cette tradition doit être continuée.

Ne tarissons pas cette source vive, cette jouvence idéale qui honore le génie de notre race. Essayons de bonne foi de cimenter entre l'industriel et l'artiste ce pacte d'alliance, fraternelle et française, d'où doivent sortir les méthodes les plus effectives pour former de bons artisans. Leurs œuvres d'esprit contemporain, liées à l'esprit traditionnel, assureront notre suprématie imprescriptible dans le monde des arts de métiers. (*Vifs applaudissements.* — *L'orateur, en regagnant sa place, reçoit les félicitations de ses collègues.*)

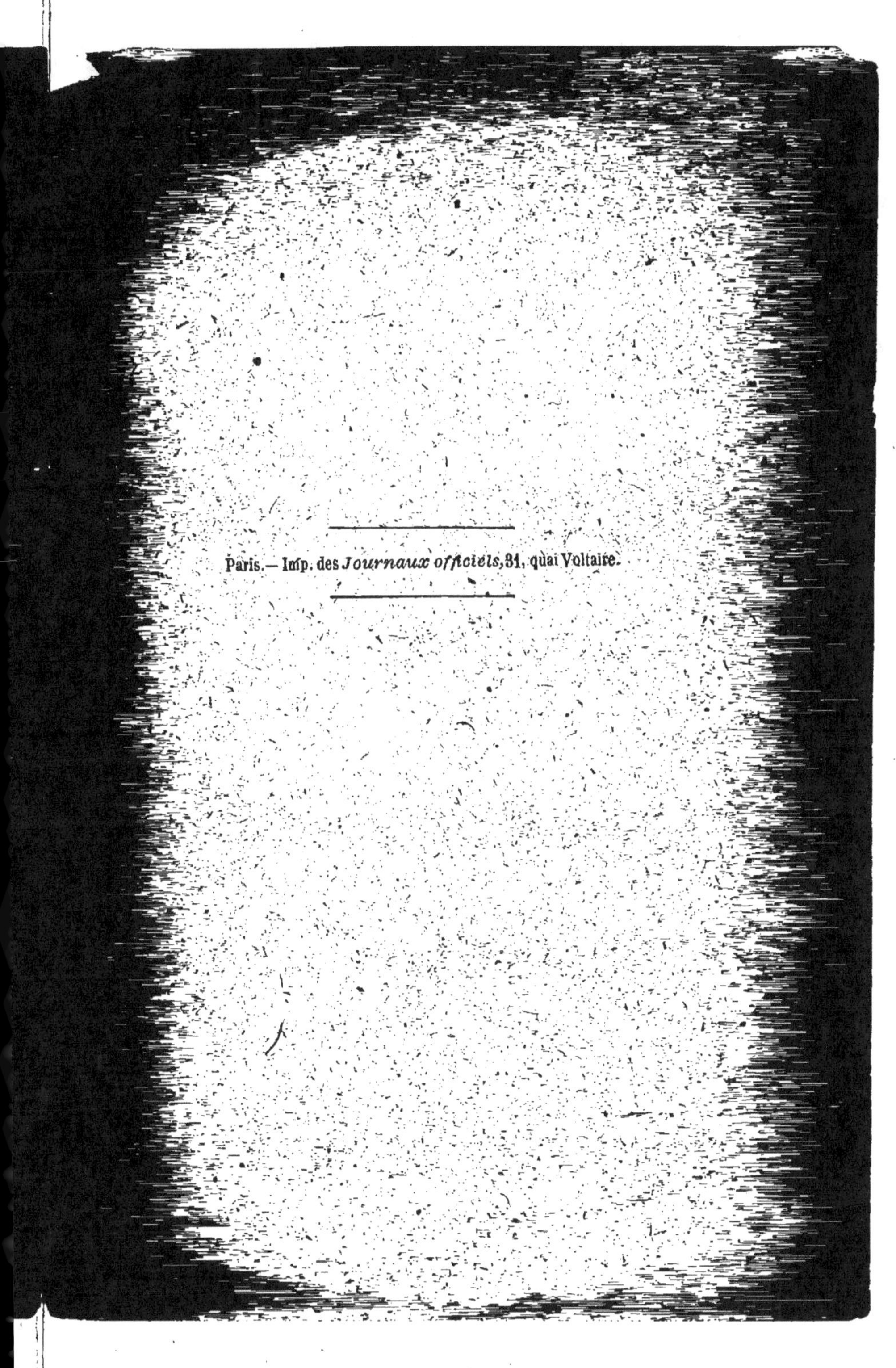

Paris. — Imp. des *Journaux officiels*, 31, quai Voltaire.